Claudia Toll

So werdet ihr die besten Freunde.

Mein Hund

Verstehen und Erleben. Malen und Gestalten.

Liebe Eltern!

Ein Hund muss in die ganze Familie hineinwachsen. Er schließt sich Menschen gerne an, muss aber erzogen werden. Und zwar so, dass er versteht, was man von ihm will. Kleine Kinder können diese Aufgabe noch nicht übernehmen. Sie können aber von Ihnen lernen, wie ein Hund freundlich und doch bestimmt behandelt wird, und Aufgaben übernehmen. Ein Hund braucht Zuverlässigkeit, damit das Leben mit ihm für alle gut wird.

Wichtiges für Hunde-Freunde!

Wie aufregend: Ein Hund zieht bei euch zu Hause ein! Oft ist es ein Welpe, ein Hundekind. Vielleicht habt ihr aber auch einen erwachsenen Hund aus dem Tierheim geholt. Ob jung oder alt, ein Hund fügt sich gerne in seine neue Familie ein. Dafür ist es aber wichtig, dass vom ersten Tag an Regeln für ihn aufgestellt werden. Er muss genau wissen, was er tun und was er lassen soll. Wenn sich alle daran halten, kann ein Hund viel lernen. Trotzdem hat jedes Tier sein ganz besonderes, unveränderliches Verhalten, seinen eigenen Charakter.

Ein Hund, der neu in seine Menschenfamilie gekommen ist, braucht viel Ruhe. Er muss sich erst an seine neue Umgebung gewöhnen. Wichtig sind ein Platz, an den er sich zurückziehen kann, und feste Zeiten: für Spaziergänge, fürs Füttern, zum Ausruhen, zum Spielen und zum Lernen. Es dauert eine Zeit lang, doch dann wird der Hund zu einem richtig guten Freund.

Das findest du in diesem Buch

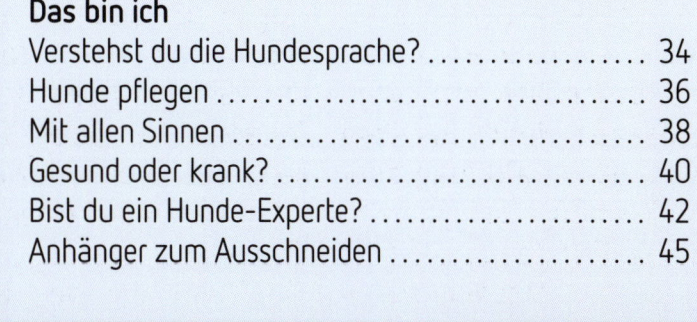

Mein Name ist ...

Mein Hund

Name: _____

Gewicht: _____

Schulterhöhe: _____

Rasse: _____

Fellfarbe: _____

Mach mit! Hier kannst du einen Steckbrief für deinen Hund eintragen.

Herkunft:	Europa, Asien
Schulterhöhe:	20 bis 90 cm, je nach Rasse
Gewicht:	0,5 bis 95 kg, je nach Rasse
Felllänge:	kurz- oder langhaarig
Fellfarbe:	weiß, schwarz, braun, rot und viele andere Töne
Lebenserwartung:	9 bis 16 Jahre
Geschlechtsreife:	mit 7 bis 14 Monaten
Ausgewachsen:	mit 18 bis 24 Monaten
Zähne:	42
Wurfgröße:	3 bis 8 Welpen
Tragzeit:	63 bis 65 Tage

Stopp!
Schon gewusst?

Groß und schwer!
Der Hund mit der größten Schulterhöhe ist der Bernhardiner. Rüden können bis zu 90 cm groß werden. Der schwerste Hund ist die Dogge. Die Rüden dieser Rasse wiegen bis zu 95 kg.

Die Größe eines Hundes wird vom Boden bis zur Schulter gemessen. Das geht am besten mit einem Meterstab. Und das Gewicht? Einen sehr kleinen Hund kannst du in ein Körbchen setzen, das du auf die Küchenwaage stellst. Du musst dann nur noch das Gewicht des Körbchens abziehen. Einen größeren Hund wiegst du am besten beim Tierarztbesuch. Dort gibt es Waagen, auf die der Hund sich mit allen vier Pfoten stellt.

Die Hunde-Familie

Rüde oder Hündin?
Wenn sie ausgewachsen sind, sind bei Rassehunden die Hündinnen kleiner als die Rüden. Hündinnen werden meist zweimal im Jahr läufig, das heißt, dass sie zur Paarung bereit sind. In dieser Zeit müssen sie beim Spaziergang an der Leine bleiben.

Altdeutscher Hütehund

Dackel

Beagle & Labrador Retriever

Französische Bulldoge

Hunde waren die ersten Haustiere des Menschen. Im Laufe von vielen Jahrtausenden wurden ungefähr 400 verschiedene Rassen gezüchtet. Dazu kommen viele Mischlinge. Überall auf der Welt gibt es Hunde, von Grönland bis Australien. Die meisten leben mit Menschen zusammen. In vielen Ländern gibt es aber auch Streuner und halbwilde Tiere. Manche Hunde haben Aufgaben, sie führen zum Beispiel Blinde, helfen bei der Jagd, hüten Schafe oder bewachen Häuser.

Hunde werden mit geschlossenen Augen und Ohren geboren. Nach etwa zwölf Tagen fangen sie an, tapsig zu laufen. Sie sollten zwölf Wochen bei der Hundemutter bleiben. Von ihr und im Spiel mit den Geschwistern lernen sie viel.

Zeichne
deinen Hund!

Mach mit!
Welche Fellfarbe hat dein Hund? Hat er langes, kurzes oder gelocktes Fell? Hier kannst du ihn zeichnen.

Mein Freund, der Hund

Mein Hund heißt: _____ ☐ Männchen / ☐ Weibchen

Mein Hund kam am _____ zu uns.

Besondere Kennzeichen meines Hundes sind: _____

Mein Hund frisst am liebsten: _____

Das mag mein Hund gern: _____

Und das mag er gar nicht: _____

Solche Laute gibt mein Hund von sich: **Wuff** _____

Knurr _____

Die meiste Zeit verbringt mein Hund mit: _____

Mein Hund spielt am liebsten mit: _____

Mein Hund ist mein Freund, weil _____ .

Auf zum Züchter
oder ins Tierheim

Alles, was du brauchst:

☐ Hundekorb und Decken

☐ Transportbox

☐ Napf für Futter

☐ Napf für Wasser

☐ Halsband

☐ Leine

☐ Hundemarke (Steuermarke)

☐ Kotbeutel

☐ Kauknochen

Stopp!
Schon gewusst?

Hunde brauchen viel Auslauf. Welpen dürfen jedoch noch nicht lange laufen. Trotzdem sollten sie alle zwei Stunden hinausgebracht werden, da sie noch nicht stubenrein sind. Das müssen sie erst lernen. Auch nachts müssen Welpen vor die Tür. Erwachsene Hunde müssen drei- bis viermal am Tag hinaus. Je nach Größe und Rasse sollten sie täglich mindestens zwei lange Spaziergänge machen.

Mach mit!

Wo steht in der Wohnung der Hundekorb? Zeichne einen Plan!

Alles tipptopp!

Die meisten Hunde machen zwei oder drei Mal am Tag ihr „großes Geschäft". Es gibt spezielle Tüten, mit denen ihre Hinterlassenschaften eingesammelt werden. Diese sollten in Abfallbehälter geworfen werden und nicht auf der Straße oder Wiese liegen bleiben.

 3 bis 4 Spaziergänge, vor allem morgens und abends, Welpen öfter.

 2 x am Tag Futter, Welpen öfter.

 Jeden Tag 2 x frisches Wasser.

 Näpfe nach jedem Fressen mit heißem, klarem Wasser säubern.

 Hundedecke täglich ausschütteln oder absaugen.

Die ersten Tage

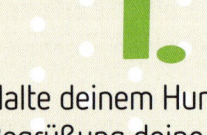

1.

Halte deinem Hund zur Begrüßung deine flach ausgestreckte Hand hin und lass ihn daran schnuppern.

2.

Sprich ihn immer freundlich und leise an. Du brauchst nie zu schreien, denn er kann gut hören.

3.

Lass deinem Hund viel Ruhe. Setz dich in seine Nähe, aber beschäftige ihn erst mal nicht.

Alle unsere Haushunde sind menschenfreundliche Tiere. Wenn sie in die Familie kommen, müssen sie nicht erst gezähmt werden. Sie lassen sich gerne streicheln und kraulen. Hunde mögen es oft aber gar nicht gern, wenn man ihnen zu nahe rückt, sie festhält oder umarmt und sie ständig auffordert, etwas zu tun. Wenn du deinen Hund gut beobachtest, wirst du mit der Zeit an seinem Verhalten erkennen, was ihm gefällt. Hunde sind Rudeltiere und sollten daher besonders am Anfang nicht länger als vier Stunden allein bleiben. Das müssen sie erst lernen. Hier sind ein paar Tipps, wie du besonders in den ersten Tagen auf deinen Hund zugehen kannst:

Stopp!
Schon gewusst?

Hund hochheben?
Nein, lieber nicht! Hunde werden nicht gern getragen. Sie haben lieber den Boden unter den Pfoten. Aber auf Treppen müssen Welpen und kleine Hunde sicher auf dem Arm getragen werden. Auf Rolltreppen darf kein Hund mitfahren.

5.
Wenn dein Hund nicht gerade schläft, ruf ihn heran, wenn du in einem anderen Zimmer bist.

4.
Streichle ihn behutsam und beobachte ihn dabei genau, damit du merkst, was er gernhat.

So wird die Wohnung
hundegerecht

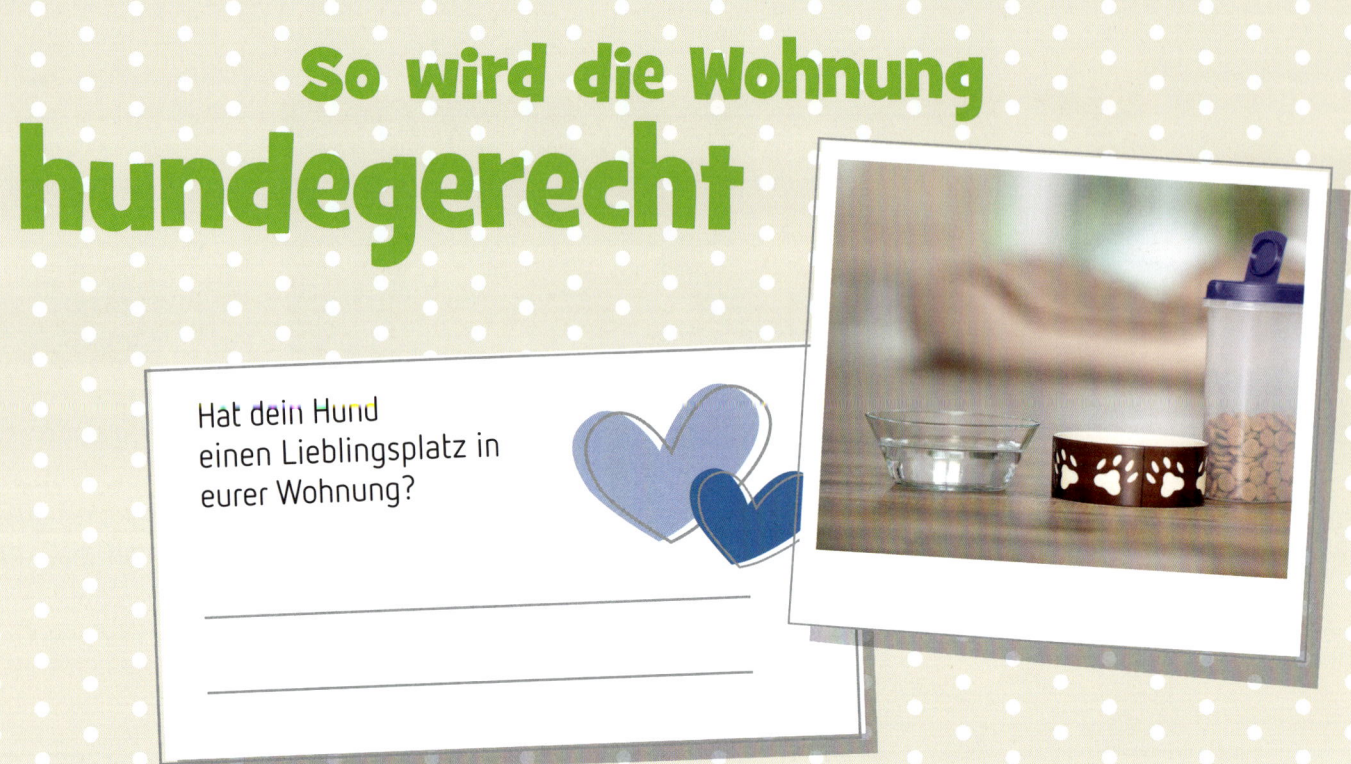

Hat dein Hund
einen Lieblingsplatz in
eurer Wohnung?

_____

_____

Hunde sind bewegungsfreudige Tiere, selbst ein Mops oder der noch kleinere Chihuahua rennen, spielen und toben gern. Die Wohnung ist dafür nicht der geeignete Ort. Das geht am besten draußen. Im Haus soll sich der Hund immer wohlfühlen, seine Ruhe haben und sein Futter bekommen. Er braucht einen festen Liegeplatz oder auch mehrere in verschiedenen Zimmern. Am besten eignet sich eine ruhige Ecke. Manchmal sucht sich ein Hund seinen Lieblingsplatz auch selbst aus. Wenn es nicht gerade ein verbotener Platz ist, kann für ihn dort eine Decke ausgebreitet werden. Auch Futter- und Wassernapf müssen ihren festen Platz haben. Am besten stehen sie dort, wo der Hund auch mal kleckern darf, oder aber auf einem abwaschbaren Untersatz. Manche Hunde haben die Angewohnheit, ihrem Menschen ganz leise zu folgen, sobald dieser in ein anderes Zimmer geht. Darum solltest du aufpassen, dass du ihm nicht auf die Pfoten trittst oder ihn beim Türschließen verletzt.

Achtung!

Welpen probieren ihre Zähne gern an allen möglichen Gegenständen aus: Schuhen, Teppichfransen und sogar an der Fernbedienung für den Fernseher. Auch einige erwachsene Hunde können auf diese Idee kommen, vor allem wenn sie lange allein bleiben müssen. Das kann gefährlich sein. Darum ist es wichtig, kleinere Dinge und auch Lebensmittel aus der Reichweite des Hundes zu bringen, wenn er nicht unter Aufsicht ist. Stattdessen kann er sich mit einem Kauknochen beschäftigen.

Ausflug ins Grüne

Achtung!

Sicher an der Leine

Ob Welpe oder erwachsener Hund aus dem Tierheim: In der ersten Zeit sollte er nur an der Leine ausgeführt werden. Leinen, die sich automatisch aufrollen oder Schleppleinen eignen sich dafür nicht. Lass deinen Hund vorlaufen, zurückbleiben, hier und da schnüffeln. Er muss nicht bei Fuß gehen. Achte darauf, dass die Leine locker durchhängt. Wenn der Hund gelernt hat, auf Ruf oder Pfiff heranzukommen, kann er auch frei laufen. In gefährlichen Situationen, etwa an einer Straße, wird der Hund immer an die kurze Leine genommen.

Stopp!

Schon gewusst?

Hunderegeln

Bei uns gibt es Gesetze, nach denen Hunde nur auf bestimmten Flächen, nur zu besonderen Zeiten oder nur bis zu einer genau angegebenen Größe frei laufen dürfen. Ansonsten müssen sie an die Leine genommen werden. Diese Leinenpflicht ist in den verschiedenen Bundesländern ganz unterschiedlich geregelt.

Hunde müssen bei jedem Wetter hinaus und laufen. Das macht ihnen nichts aus. Die meisten Hunde mögen den Winter mit Schnee viel lieber als heiße Sonnentage. Auch Regen stört sie kaum. Nur wenige Hunde brauchen gegen Kälte einen wärmenden Mantel. Der Hund sollte sich so oft wie möglich auf Wiesen und im Wald frei bewegen, rennen und lange Spaziergänge machen können. Voraussetzung ist aber, dass er auf Ruf oder Pfiff wieder herankommt und keinen Jagdtrieb hat. Dein Hund muss andere Hunde treffen und mit ihnen spielen und toben können. Aber es ist genauso wichtig, dass er lernt, ruhig an der Leine neben dir zu gehen, ohne zu ziehen.

Für Welpen gibt es besonderes Futter, damit ihre Knochen, Gelenke und Muskeln richtig wachsen. Ein ausgewachsener Hund wird zwei Mal am Tag gefüttert. Es gibt Trocken-, Dosen- oder frisch zubereitetes Futter. Fertiges Hundefutter enthält oft Getreide wie zum Beispiel Weizen. Falls dein Hund Trockenfutter bekommt, sollte darauf geachtet werden, dass er viel trinkt. Von Natur aus sind Hunde vor allem Fleischfresser, sie mögen aber auch Gemüse und Obst. Manche Hunde knabbern gern Möhren oder Äpfel. Wie viel Futter ein Hund bekommt, hängt von seiner Größe und Aktivität ab. Bei Hunden sollten die Rippen zu fühlen sein, sonst sind sie zu dick und können krank werden.

Das frisst mein
Hund
am liebsten

Stopp!
Schon gewusst?

Vielfraß Hund
Hunde können sich richtig „den Bauch vollschlagen". Dann sind sie ganz träge und brauchen für eine Weile Ruhe. Gut ist das nicht, denn ein überfüllter Magen kann ihnen Probleme bereiten. Nach dem Fressen sollten Hunde nicht herumtoben und rennen.

Mach mit!
Was frisst dein Hund am liebsten? Male es hier auf!

Meine Hunde-Speisekarte

Stopp!
Schon gewusst?

Futterumstellung
Manchmal verträgt ein Hund eine Futtersorte nicht mehr. Dann muss das Futter umgestellt werden. Das geht nicht von heute auf morgen. Nach und nach wird das alte durch das neue Futter ersetzt. Frisches Futter und Dosenfutter sollte nicht den ganzen Tag im Napf herumstehen.

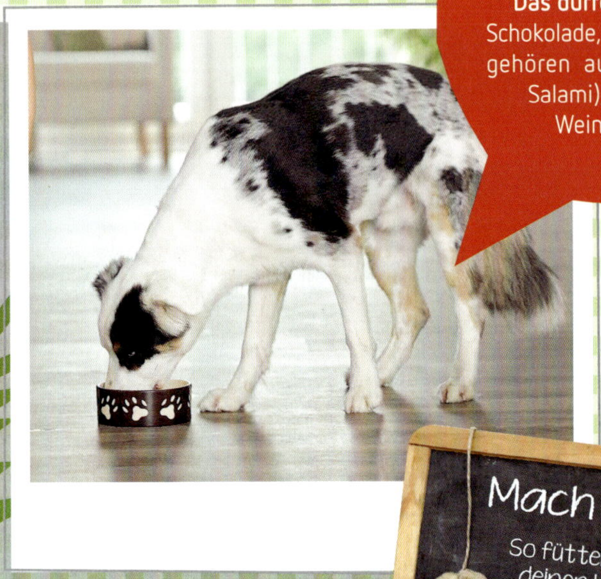

Achtung!

Das dürfen Hunde NICHT fressen:
Schokolade, rohes Schweinefleisch (dazu gehören auch roher Schinken, Mett, Salami), rohe Bohnen, Zwiebeln, Weintrauben und Rosinen.

Mach mit!
So fütterst du deinen Hund. Male die richtige Menge auf!

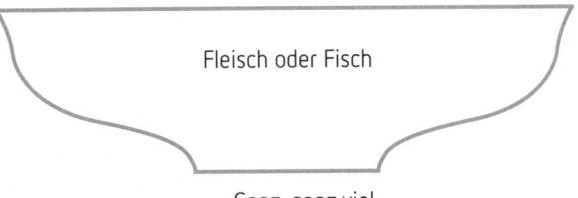

Fleisch oder Fisch
Gemüse und Kräuter
Obst

Ganz, ganz viel — Wenig, unter das Futter gemischt — Ab und zu ein wenig

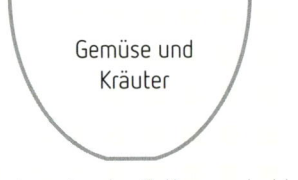

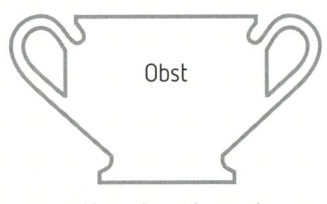

Meine Aufgabe

Damit du deinem Hund nicht zu viel oder zu wenig zu fressen gibst, wiegst du das Trockenfutter ab oder füllst es in einen Messbecher. Frisches Futter wird passend für den Hund zubereitet. Gib es in seinen Napf, aber stell es ihm nicht sofort hin. Dein Hund kann lernen zu warten und „Sitz" zu machen, bis der Napf an seinem Platz steht. Vielleicht fängt er auch erst auf „Nimm" oder „Deins" mit dem Fressen an. Lass ihn nicht an dir hochspringen. Beim Fressen lässt du deinen Hund in Ruhe und bleibst auch nicht genau neben ihm stehen. Ist der Napf ausgeschleckt, reinigst du ihn gründlich. Auch den Wassernapf spülst du täglich aus und füllst ihn wieder mit frischem, klarem Leitungswasser.

Gemüseküche

Mach mit!
Gemüse im Futter schmeckt auch Hunden gut. Hier kannst du es malen oder Bilder davon aufkleben.

Karotte

Apfel

Brokkoli

Zwetschge

Zucchini

Achtung!

Beim Spaziergang oder im Garten musst du aufpassen, dass dein Hund nicht auf giftigen Zweigen oder Blättern kaut oder irgendetwas frisst, was ihm nicht bekommt. Zum Beispiel das:

Buchsbaum

Eibe

Rhododendron

Oleander

Mit Belohnung

„Sitz"

„Ab"

„Weg"

Bei „Sitz" soll dein Hund vor dir sitzen und dich ansehen. Gib ihm auch mit der Hand ein Zeichen.

Wenn ein Hund an dir hochspringt, etwa zur Begrüßung, dreh dich zur Seite. Auf keinen Fall darf er dich anspringen, um dir ein Leckerli oder Spielzeug aus der Hand zu schnappen.

Ein Hund, der am Tisch bettelt, wird weggeschickt. Er darf aber still unter dem Tisch liegen.

klappt's besser!

Mach mit!
Wenn dein Hund ein Lob oder eine Futterbelohnung bekommt lernt er noch viel lieber!

„Warte"

„Ins Körbchen"

Wenn du aus der Tür gehst, lass deinen Hund hinter dir warten, damit er nicht sofort herausstürmt.

Wenn der Hund ruhig sein soll, zum Beispiel weil Besuch kommt, bleibt er für eine Weile in seinem Körbchen oder auf seinem Platz.

Lust zu spielen?

Mach mit!
Ist dein Hund bereit zum Spielen? Hier sind einige Ideen, die euch beiden sicher viel Spaß machen.

Verstecken
Lass deinen Hund doch nach einem Freund oder einer Freundin suchen. Er oder sie versteckt sich hinter einem Baum und gibt dir vorher einen persönlichen Gegenstand von sich, etwa ein Tuch oder Armband. Lass deinen Hund daran schnüffeln und dann suchen. Hat er das Versteck gefunden, gibt es eine Belohnung.

Spielverbeugung
So zeigen Hunde, dass sie spielen möchten: Sie strecken das Hinterteil in die Höhe und wedeln mit dem Schwanz, die Vorderpfoten senken sie ganz auf den Boden ab. Dann kann es losgehen. Es macht großen Spaß, miteinander spielenden Hunden zuzuschauen.

Weitere Spielideen:

Durch den Tunnel

Lässt sich dein Hund durch einen Spieltunnel locken? Lass ihn an einem Ende warten und zeig ihm am anderen Ende einen Leckerbissen.

Die Rolle

Beim Wälzen drehen sich Hunde oft einmal um sich selbst. Wenn du dabei „Rolle" sagst und ihm immer eine Belohnung gibst, lernt er diesen Trick vielleicht.

Mach mit!

Hast du auch eine Spielidee?

Gib Pfötchen!

Eine Pfote hochzuheben, ist bei Hunden eine angeborene Bewegung. Welpen machen sie bereits beim Muttermilchtrinken. Halt deinem Hund die Hand hin und tipp seine Pfote an. Sobald er sie anhebt, sagst du: „Pfote!" und gibst ihm eine kleine Futterbelohnung. Mit der Zeit wird er wissen, was er tun soll, wenn es heißt: „Gib die Pfote".

Futtersuche

Oder dein Hund macht sich gleich auf die Suche nach ein paar Leckerbissen. Die versteckst du an ganz verschiedenen Stellen: an einem Baumstamm, auf einer Mauer, neben einer Hecke. Du führst deinen Hund dorthin und sagst: „Such das Leckerli!" Wenn er es findet, ist das gleich die Belohnung.

Zeit für Rätsel

Hunde-Labyrinth

Hund Pelle ist müde. Hilf ihm, seinen Weg in sein Schlafkörbchen zu finden.

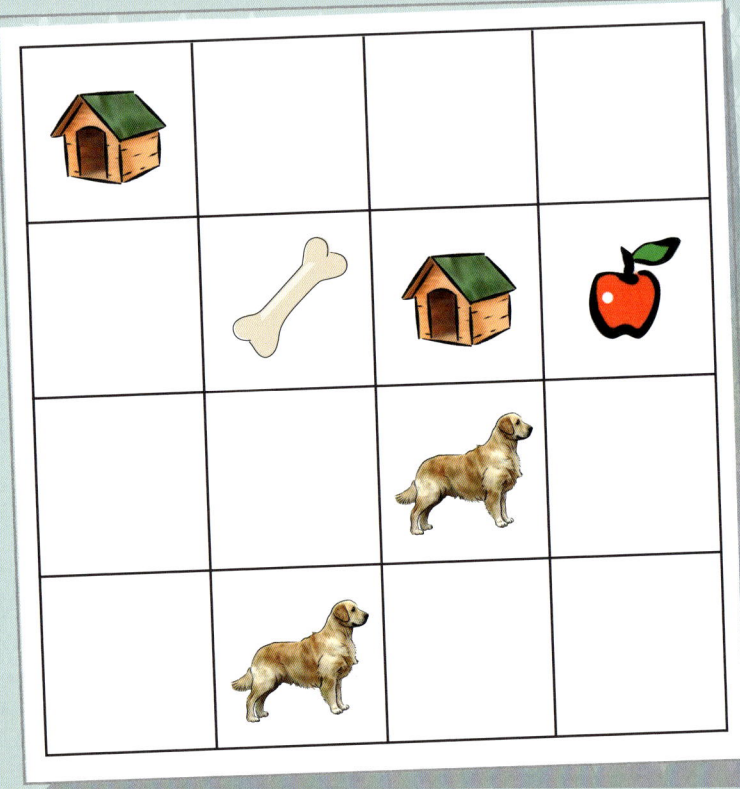

Hunde-Sudoku

Jedes Bild darf in einer Reihe, in einer Spalte und in einem Viererfeld jeweils nur ein Mal vorkommen. Schaffst du es, das Sudoku zu lösen?

Mach mit!

Kannst du die Rätsel lösen? Viel Spaß dabei!

Hunde-Kreuzworträtsel

Hast du das Rätsel richtig gelöst, weißt du, wo du zusammen mit deinem Hund etwas lernen kannst.

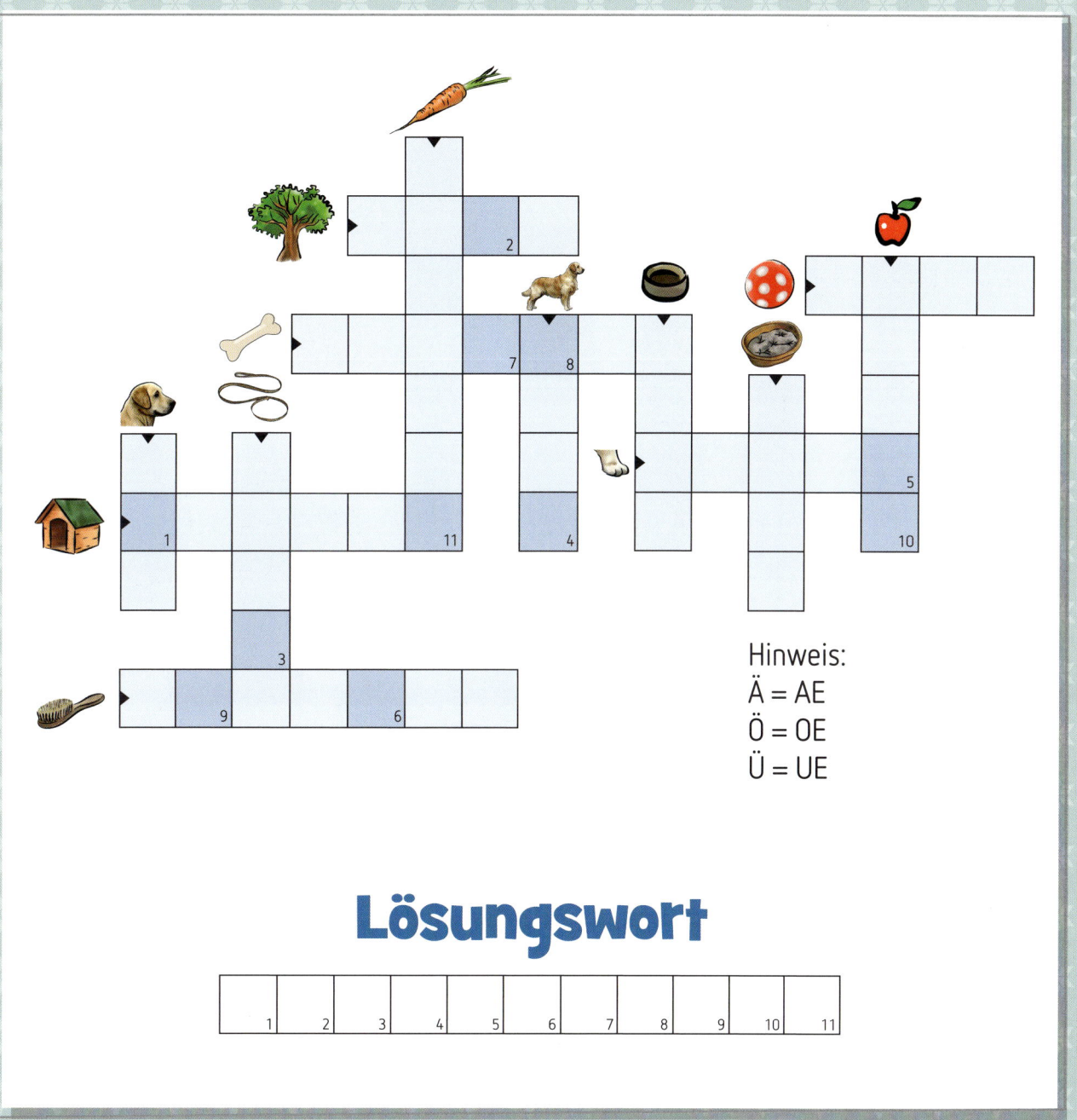

Hinweis:
Ä = AE
Ö = OE
Ü = UE

Lösungswort

1	2	3	4	5	6	7	8	9	10	11

Von links nach rechts. Oben: BAUM, KAROTTE, HUND, NAPF, BALL, APFEL. Mitte: OHR, LEINE, KNOCHEN, KORB. Unten: HUETTE, PFOTE, BUERSTE

Kuscheln und Schmusen

Achtung!

Bitte leise!

Hunde mögen keinen Lärm, keine dröhnende Musik und kein Geschrei. Du kannst ganz entspannt mit deinem Hund umgehen, er wird dich dann besser verstehen.

Sei gegenüber deinem Hund immer ruhig und freundlich. Ist er noch ein Welpe, musst du besonders viel Rücksicht nehmen. Ein Hund will nicht ständig beschäftigt und zum Spielen und Toben aufgefordert werden. Er mag es auch, still neben dir zu liegen und von dir gestreichelt zu werden. Vielleicht schließt er dann die Augen und döst oder er legt sich auf den Rücken und lässt sich den Bauch kraulen. Genau wie Menschen sind auch Hunde verschieden. Beobachte deinen neuen Freund genau und merke dir, was er mag und was nicht.

Verstehst du die Hundesprache?

Was bedeuten die verschiedenen Laute?

Knurren
„Ich drohe dir! Lass das!"

Fiepen
„Ich bin ungeduldig!"
Oder: „Mir geht es nicht gut."

Bellen
„Hier stimmt etwas nicht!"
Oder: „Jetzt muss etwas passieren!"

Bellen zur Begrüßung
„Wo warst du so lange?
Endlich bist du wieder da!"

Jaulen
„Ich bin so allein!"

Langes Brummen
„Es geht mir gut,
ich fühle mich wohl."

Hunde drücken sich auf vielfältige Art aus, vor allem durch ihre Körpersprache. Ihre Haltung, ihr Gesichtsausdruck und ihre Bewegungen zeigen, was sie sagen möchten. Es kommt dabei aber auch immer auf die Situation an.

Was macht dein Hund, wenn du nach Hause kommst?

_____

_____

_____

Wann zieht sich dein Hund zurück?

_____

_____

_____

Was ist besonders am Verhalten deines Hundes?

_____

_____

_____

Mach mit!
Wie verständigt sich dein Hund mit dir? Hier kannst du es eintragen.

Was bedeutet die Körpersprache?

Nase krausziehen
„Ich warne dich, komm mir nicht näher!"

Kopf schräg legen, aufmerksamer Blick, Ohren gespitzt
„Was willst du mir sagen?"

Geduckt, Ohren nach hinten gelegt
„Mir geht es nicht gut."

Auf den Rücken legen
„Kraul mich!"
Oder: „Tu mir nichts!"

Unbewegtes Stehen, Kopf oben
„Ich bin jetzt richtig gefährlich!"

Entspanntes, gerades Stehen
„Alles ist gut!"

Hunde pflegen

Fell bürsten

Bei Hunden mit kurzem Fell genügt es, sie ab und an zu bürsten. Hunde mit langem Fell werden gebürstet und gekämmt, damit das Fell nicht verfilzt. Dafür gibt es Kämme mit längeren Zinken. Einige Hunde wie zum Beispiel Pudel haben ein ständig wachsendes Fell und müssen regelmäßig geschoren werden. Terrier werden getrimmt, dabei wird das alte Fell herausgezupft.

Ohren säubern & Zähne putzen

Hundeohren werden mit einem weichen Tuch ausgewischt. Es darf nicht tief in die Ohren geschoben werden. Wattestäbchen dürfen auf keinen Fall verwendet werden. Ein Hund sollte so früh wie möglich an das Zähneputzen mit einer weichen Bürste und Hundezahnpasta gewöhnt werden. Manche Hunde bekommen Zahnstein, das ist ein Belag auf den Zähnen.

Mach mit!
Woran kaut dein Hund am liebsten? Was ist gut für seine Zähne?

- Rohe Fleischstücke ☐
- Kaustange ☐
- Gehörn ☐
- Knochen ☐
- Trockenfisch ☐

Tipp!

Gekämmt und gebürstet werden Hunde immer mit dem Fellstrich, das ist die Richtung, in welche die Haare wachsen. Vor allem beim Fellwechsel, wenn das Fell zum Sommer hin dünner und zum Winter hin dichter wird, ist Pflege wichtig. Hunde müssen kaum gebadet werden, nur dann zum Beispiel wenn sie richtig dreckig sind oder stinken. Gesunde Hunde mit gepflegtem Fell bekommen nur ganz selten Flöhe. Da sie aber oft tief im Gras oder durch das Unterholz im Wald laufen, kommt es immer wieder vor, dass sich Zecken bei ihnen festsaugen. Zum Entfernen gibt es Zeckenzangen, -haken oder -schlingen.

Mit allen Sinnen

Stopp!
Schon gewusst?

Hundepfoten
Die Pfoten von Hunden sind zwar robust, aber auch empfindlich. Denn über sie tastet der Hund. Außerdem schwitzt er nicht nur über die Zunge, sondern auch über seine Pfoten.

Achtung!
Hecheln
Bei Hitze, nach einem langen Spaziergang oder einer Toberei atmen Hunde heftig und schnell mit geöffneter Schnauze und heraushängender Zunge. So „schwitzen" Hunde. Durch das Hecheln kühlen sie sich ab, denn über die Mundschleimhaut verdunstet Flüssigkeit.

Sehen

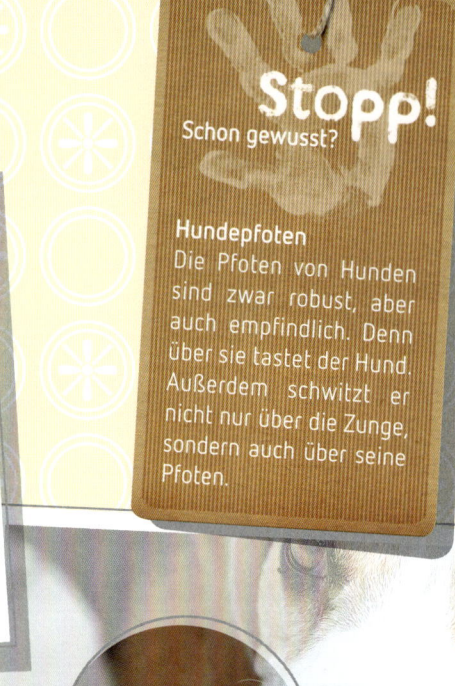

Tasten

Hunde können gut sehen. Da ihre Augen mehr an den Kopfseiten sitzen, haben sie einen größeren Rundumblick als der Mensch. Im Dunkeln erkennen sie viel mehr, besonders, wenn sich etwas bewegt.

Der Hund ist ein aufmerksamer Jäger, der mit allen Sinnen seine Umgebung beobachtet. Bei vielen Hunderassen wurden im Laufe von Jahrhunderten verschiedene Fähigkeiten verstärkt.

Trotzdem ist für alle Hunde die Nase das wichtigste Sinnesorgan, auch wenn manche, wie zum Beispiel der Mops, fast gar keine mehr haben. Hunde schnüffeln überall herum.

Über den Augen und zu beiden Seiten der Schnauze haben Hunde feine Tasthaare. Diese sind sehr empfindlich, denn in ihnen enden Nerven. Sie dienen dem Hund dazu, sich auch noch im Dunkeln zurechtzufinden, etwa bei Nacht oder in einer Höhle. Auch die Haut ist ein Tastsinn.

Riechen

Hören

Hunde bewegen ihre Ohren in die Richtung, aus der das Geräusch kommt. Sprichst du deinen Hund von hinten an, legen sich seine Ohren zurück. Bei einem Hund mit Stehohren ist das natürlich am besten zu erkennen. Hunde nehmen noch sehr hohe Töne wahr, die wir nicht mehr hören können.

Wenn dein Hund schläft, wodurch wacht er auf?

☐ Flüstern

☐ Leises Pfeifen

☐ Schmatzgeräusche

Für den Hund ist die Welt voller Gerüche. Sein Geruchssinn ist millionenfach besser als der des Menschen. Alle Lebewesen und Dinge verbreiten einen eigenen Duft und der Hund nimmt ihn noch in winzigen Spuren genau wahr. Man sagt, Hunde läsen mit der Nase. Was riecht dein Hund sofort? Verstecke unter fünf Bechern:

☐ eine Blume

☐ einen Brotrest

☐ ein Apfelviertel

☐ ein Käsestückchen

☐ ein Fleischstückchen

Mach mit! Teste doch mal, wie gut die Sinne deines Hundes sind.

Schmecken

Hunde haben einen ausgeprägten Geschmackssinn. Besonders gern mögen sie Fleisch, auch wenn es ein paar Tage alt ist. Wenn sie etwas besonders mögen, können sie auch noch die kleinsten Spuren auflecken. Wenn dein Hund etwas nicht mag, wird er seinen Kopf abwenden.

Gesund oder krank?

Hunde lassen sich nicht immer sofort anmerken, wenn es ihnen nicht gut geht. Doch wenn du deinen Hund kennst, wird es dir schnell auffallen, wenn mit ihm etwas nicht stimmt. Schon beim ersten Spaziergang am Morgen, beim Fressen und bei der Verdauung zeigt sich, ob alles in Ordnung ist. Wenn er rennt und schnüffelt, aufmerksam ist und sein Futter auffrisst, geht es ihm gut. Ein kranker Hund ist matter, geht vielleicht geduckt oder gekrümmt, lässt den Schwanz hängen, wedelt fast gar nicht, frisst nichts mehr oder fiept sogar. Dann sollten deine Eltern am besten gleich mit ihm zum Tierarzt gehen.

Stopp!
Schon gewusst?

Impfung!
Es gibt gefährliche Krankheiten, die von Hund zu Hund übertragen werden. Regelmäßige Impfungen schützen davor. Der Tierarzt trägt sie im Ausweis des Hundes ein. Wichtig ist auch eine regelmäßige Entwurmung.

Mach mit!
Dein Hund verhält sich auffällig? Ist er krank? Kreuze Zutreffendes an!

Darauf musst du achten:	Gesund		Krank	
Verhalten	aufmerksam, munter	☐	müde, schlaff	☐
Haltung	gerade, entspannt	☐	gekrümmt, geduckt	☐
Appetit	gut, normal	☐	verweigert Nahrung, mäkelig	☐
Bewegung	lebhaft	☐	schlapp, langsam	☐
Verdauung	normal	☐	Durchfall	☐
Nase	kühl	☐	trocken, heiß	☐
Rute	aufrecht	☐	hängend, zaghaftes Wedeln	☐

Bist du ein Hunde- Experte?

1. Wie schwer können Hunde werden?

a) ☐ 0,5 bis 90 kg

b) ☐ 2 bis 100 kg

c) ☐ 5 bis 70 kg

2. Wie oft muss ein erwachsener Hund nach draußen?

a) ☐ 2 Mal am Tag

b) ☐ 5 bis 6 Mal am Tag

c) ☐ 3 bis 4 Mal am Tag

3. Welcher Sinn ist beim Hund besonders ausgeprägt?

a) ☐ Gehörsinn

b) ☐ Geruchssinn

c) ☐ Tastsinn

4. Was darf ein Hund nicht fressen?

a) ☐ gekochte Kartoffeln

b) ☐ Schokolade

c) ☐ Bananen

5. Hunde drücken sich vor allem durch die Körpersprache aus. Was bedeutet ein eingeklemmter Schwanz?

a) ☐ Angst

b) ☐ Freude

c) ☐ Drohen

6. Wann solltest du einen Hund nicht anfassen?

a) ☐ Wenn er schläft.

b) ☐ Wenn er schnüffelt.

c) ☐ Wenn er frisst.

7. Was bedeutet es, wenn ein Hund knurrt?

a) ☐ Er ist müde.

b) ☐ Er droht.

c) ☐ Er hat Hunger.

Stopp!
Schon gewusst?

Hundeschule
Du kannst mit deinem Hund in eine Hundeschule gehen. Dort lernst du sein Verhalten zu deuten und ihn besser zu verstehen. Außerdem erfährst du dort, wie er von dir am besten etwas lernen kann. Zum Beispiel das Gehen neben dir oder das Kommen auf Ruf oder Pfiff. An einigen Hundeschulen gibt es spezielle Kind-Hund-Kurse.

Mach mit!
Die Lösungen findest du auf Seite 44 unten.

8. Wie zeigt ein Hund, dass er spielen möchte?

a) ☐ Er macht eine Spielverbeugung.

b) ☐ Er rennt im Kreis.

c) ☐ Er setzt sich hin und guckt.

9. Welche Hunde sind am kleinsten?

a) ☐ Dackel

b) ☐ Yorkshire Terrier

c) ☐ Chihuahuas

10. Woran merkt man, dass ein Hund schwitzt?

a) ☐ Er hechelt.

b) ☐ Er legt sich hin.

c) ☐ Er hebt die Pfote.

11. Wie alt können Hunde werden?

a) ☐ 9 bis 16 Jahre

b) ☐ 12 bis 25 Jahre

c) ☐ 10 bis 20 Jahre

12. Wer ist der Vorfahre des Hundes?

a) ☐ Schakal

b) ☐ Wolf

c) ☐ Fuchs

11 bis 12 richtige Antworten:

Super gemacht!
Du bist ein Hunde-Kenner!

Du kennst dich in Hundefragen aus, kannst die Sprache dieser Tiere deuten und verhältst dich deinem Hund gegenüber genau richtig. Er kann sich freuen, dass du für ihn da bist.

7 bis 10 richtige Antworten:

Prima!
Du hast viel Ahnung.

Du weißt, was für deinen Hund wichtig ist, kümmerst dich um ihn und beschäftigst dich mit ihm. Es fehlt nicht mehr viel, dann kannst auch du dich einen Hunde-Experten nennen.

0 bis 6 richtige Antworten:

Das geht noch besser!

Wenn du deinen Hund gut beobachtest und dich noch mehr informierst, weißt auch du bald besser Bescheid. Dann wird sich dein Hund bei dir noch wohler fühlen.

Lösungen: 1a, 2c, 3b, 4b, 5a, 6c, 7b, 8a, 9c, 10a, 11a, 12b

Anhänger
zum Ausschneiden

Mach mit!
Schneide das Schild aus und häng es an den Platz, an dem auch die Hundeleine immer zu finden sein soll.

Wo ist nur schon wieder die Hundeleine? Damit die Sucherei ein Ende hat, bekommt sie ihren festen Platz, am besten neben der Wohnungstür, sodass jeder gleich danach greifen kann. Wer mit dem Hund vom Spaziergang kommt, hängt sie dort auch wieder auf. Und damit alle Bescheid wissen, dass der Hund gerade spazieren geht, wird das Schild umgedreht.

Hier hängt die Hundeleine!

Hund unterwegs!